MW00881534

Te odio con todo mi amor

Miguel López

Te odio con todo mi amor
Miguel López

MIGUEL LÓPEZ

Visita la web:
librosdemiguel.com

Sígueme en:

lopezbmiguel

lopezbmiguel

MiguelLopezEscritor

De repente un día abres los ojos
y lo que veías antes con amor
ahora lo ves también con odio

Introducción

En la vida hasta odiar requiere de mucha pasión.

Reconstruimos permanentemente nuestro concepto del amor en cada relación, porque a veces tenemos que desmantelarlo para poder entender, y así vamos, evolucionando con los días, con los años, o con las parejas.

He permitido que esa energía, aparentemente destructiva y negativa, tenga una mejor forma de expresión a través de las líneas que he recopilado para ti en este libro, y es posible, que podamos encontrarnos en alguna de esas emociones, porque, aparentemente, el odio es tan universal como el amor mismo.

Te invito a que tengas la libertad de gritar conmigo en estas páginas, siempre con la esperanza de sentirnos un poco mejor, con menos resentimiento, y con la fortaleza de seguir caminando y descubriendo lo que todavía tiene para regalarnos la vida.

Te lo llevaste

Te lo llevaste todo
la felicidad
las ilusiones
la esperanza de construir algo juntos
los domingos de descanso en intimidad
la confianza en el otro
los oportunos mensajes de amor
la mano que me sujetaba al caminar.

Te lo llevaste todo
y sin pensarlo
me regalaste la oportunidad
de empezar nuevamente sin ti.

Entiéndelo

"pero los dos viajeros tienen que ir de la mano"

Que te ame no puede ser la excusa para mantenerme en esta eterna incertidumbre, esperando los cambios que prometes y nunca llegan.

Que me ames no puede ser la justificación para tomarte libertades y romper los límites de nuestra relación.

El amor, aunque todavía no lo entiendas, no tiene que ser perfecto, pero es necesario que los errores sean perdonables, que no sean intencionales, que se haya hecho siempre el mayor esfuerzo para evitarlos, que haya siempre una disposición honesta a reconocerlos y trabajar activamente por mejorarlos.

El amor, es un viaje, que tiene altibajos, pero los dos viajeros tienen que ir de la mano, siempre, entiéndelo, siempre, apoyándose para poder alcanzar la meta.

Creer o saber

"me diluyo en el presente para recuperarme
periódicamente"

Crees que lo mejor es terminar todo aquí y seguir cada
uno con su camino.

Crees...

Crees que en unos días vas a encontrar a otra persona
a quien amar, y todo va a ser bonito.

Crees...

Crees que vivir de una pareja a otra es la solución,
porque así no te llegarán a conocer profundamente.

Crees...

Crees que así vas a resolver ese sentimiento de soledad
que te ha acompañado desde hace tiempo.

Crees...

A diferencia de ti, yo no tengo esas creencias. Yo tengo
certezas que me han dado los años, las heridas, los
amores que he tenido que dejar partir porque quieren

seguir buscando esas fantasías en relaciones superficiales.

A diferencia de ti, yo sé que le huyes al compromiso, al verdadero, al que se teje con los meses, con los años, cuando curarse las heridas en pareja es más importante que salir a beber o distraerse tontamente.

A diferencia de ti, yo sé que tuviste miedo de haber encontrado en mí un amor duradero, y saliste corriendo cuando la vida se te puso más seria de lo habitual.

Lo sé.

A diferencia de ti, yo sí tuve el valor para intentarlo de verdad.

Intenta

Intenta
que cuando pasen los días
no sientas arrepentimiento
de las palabras que dijiste

Intenta
que tu nuevo destino
sea tan bueno
que no te queden ganas
de volver atrás

Intenta
olvidarte de mí
que ya no quiero
ni siquiera un contacto
o una amistad

Inténtalo bien
porque no pienso darle
más oportunidades al dolor

Sin emoticones

"parece que esos mensajes tiernos se vuelven tontos"

Las cosas graciosas pierden su gracia cuando no hay paz, cuando tenemos tantas cosas que arreglar, y me cansa que le restes importancia, que me mandes mensajes con flores o caras felices, menospreciando tus errores, tus faltas.

Parece que esos mensajes tiernos se vuelven tontos, porque la nube que nos mantenía flotando se desapareció, y caímos en una realidad dura y absurda, donde tenemos que sentarnos a tomar decisiones, a buscar maneras de mejorar los compromisos, y esperar acciones de parte del otro.

Todo tiene su momento, y las bromas no son convenientes ahorita, porque nos estamos diluyendo en los problemas, y al intentar ignorarlos solo hacemos que crezcan.

Y si queda alguno de esos emoticones, que pueda ser conveniente en este momento, sería uno en el que muestres un sincero arrepentimiento, y las ganas honestas de intentarlo de nuevo.

Invernal

Me decepciona
la cobardía
que ocultabas
bajo esa sonrisa
que prometía tanto.

Me sepulta
la ignorancia emocional
que dejaste crecer
dentro de ese corazón
que quise a mi lado.

Hoy me sumerjo en el sueño
esperando que algún día
otro calor
derrita este hielo.

Mi fortaleza

"aunque nunca sabemos si ese daño será honorable o no"

Si te di la oportunidad de herirme, no fue porque haya sido débil.

Si te di la oportunidad de volver una o dos veces, no fue por necesidad.

Si te di la oportunidad de ver mis sombras, es porque quise compartir contigo todo mi ser.

Porque el amor sincero necesita mostrarse plenamente, requiere que entreguemos todo, nos pide que podamos acompañarnos en los momentos más difíciles.

Cuando una relación es importante, es cuando se empieza a sentir uno más vulnerable.

Cuando el amor es real, esa persona significa nuestro pasado, nuestro presente y nuestro futuro, y todas sus acciones tienen un eco en nuestra alma.

Y si yo fuese débil, no habría tenido el valor de entregar mi corazón y confiártelo, porque no existe nadie tan perfecto que no pueda causar la más mínima herida. Es un acto de entrega que lleva el presagio de un dolor que eventualmente llegará, aunque nunca sabemos si ese daño será honorable o no.

Ojalá te des cuenta de que no hay mejor defensa que recibir las heridas como parte de este camino de entrega, heridas que acepto como parte del aprendizaje de haberte conocido, pero que, sabiamente, permito hasta hoy.

Al contrario

Gracias por enseñarme
todo lo que no quiero
de una relación.

Adrenalina

"porque todos tenemos esa infantil necesidad"

Es verdad, me atrae el peligro.

[¿A quién no?]

Y con el tiempo me di cuenta de que es un patrón que se repite en muchas cosas. Son las aventuras que te emocionan y te hacen vivir experiencias únicas, como volar en parapente, saltar en benji, surfear o escalar.

¿Qué es lo que me atrae de ti?

De ti me atrae esa imagen de chica fatal que quieres proyectar a los demás, la que no quiere seguir las normas convencionales, la que pretende decir poco de sí misma, pero saber mucho de los demás.

De ti me atrae esa frialdad con la que reaccionas hasta de las cosas más emotivas, la falta de tacto al decir lo que piensas, saber que eres una mujer tan deseada por muchos, pero tan alcanzada por pocos.

Pero lo que me atrae de ti es también un arma de doble filo, que se puede volver en contra de cualquiera que la pretenda.

Quise saltar en el precipicio de tu amor, porque el peligro lo hacía emocionante, adictivo.
Inconscientemente lo sabía, que podías hacerme mucho daño, y eso me sedujo, porque todos tenemos esa infantil necesidad de intentar cada día algo más difícil, más arriesgado.

Parece que una voz en la cabeza nos dice: "Ah, ese un amor seguro y tranquilo; ¡Aburrido!, pero mira al lado de ese, ¿ves?, ahí tienes a la persona equivocada perfecta"

Con el tiempo

"cumplir con lo mínimo que esperaba de ti"

No, no te engañes.

El tiempo no se encargó de acabar con lo nuestro.
Siempre estuvo ahí, con nosotros, haciendo
simplemente su trabajo, despejando las dudas,
mostrándonos que tan fuertes podíamos llegar a ser,
que tanto nos podríamos comprometer.

No, no me engañes.

El tiempo no enfrió nuestro amor.
Solo nos acompañó en las malas, en las regulares y en
las peores, evidenciando que te faltó tanto para cumplir
con lo mínimo que esperaba de ti, con lo que realmente
necesitaba de ti.

No, yo no te voy a engañar.

He puesto lo mejor de mí en cada momento que tuve a
tu lado, aun cuando no lo has sabido valorar, y ahora
que se me acaban las ganas de seguirlo intentando, y
que corro el riesgo de dejar de ser franco contigo, me he
puesto a pensar mejor las cosas.

No, ya no me vas a engañar.

Todo se acabó, este final es definitivo, y no tengo nada más que decirte, salvo un educado adiós y el deseo de que te lleves contigo todos los engaños que alguna vez dejaste.

Errores

No todos los errores son malos;
algunos besan bien,
otros te pudieron acompañar en momentos difíciles,
otros fueron necesarios para enseñarte duras lecciones,

pero tú...

no pasaste de ser un simple error.

Muchas gracias

Gracias
por enseñarme
todo lo malo
que puede esconder el amor

[no sé por qué
todavía le digo amor]

Dejarte hablar

"y no me quedan ganas de detenerte"

A veces me gusta ser yo quien hable mucho.

Me gusta contarte las cosas que me han pasado en el día, con la alegría de un niño que regresa de la escuela, detallando las personas vi, las palabras que dijeron e incluso los pensamientos que tuve en cada momento.

A veces me gusta hablarte tanto, para que sepas de las cosas que me emocionan, y que de alguna forma necesito que vivas conmigo.

Pero hoy es diferente, porque ya sé la verdad, y desde que abriste la boca empezaste a hundirte en tu asquerosa mentira, y no me quedan ganas de detenerte hasta que llegues al fondo, porque no quiero limitarte en tu hipocresía.

Miente completamente, demuéstrame que no lo haces por error sino por malicia, que esa premeditación de tu canallada me permita entender que no hay espacio para más perdones de mi parte.

Miente lo que quieras, sigue hablando, que después de escucharte atentamente, tendré claro que seré yo quien tenga la última palabra.

Abusos

La verdad de los abusos
es que somos libres
de decidir
por quién
cuándo
cómo
dónde
y hasta cuándo.

Cuando uno olvida eso
es que empiezan los problemas

[lamentablemente, tu falso encanto
me distrajo por un momento]

Deja

Deja de huir cuando tienes que estar
deja de callar cuando tienes que hablar
deja de olvidar cuando tienes que recordar
deja de esconder cuando tienes que mostrar
deja de preguntar cuando tienes que confiar
deja de buscar a otro cuando tienes que buscarme a mí.

Pon en orden tu vida
antes de que yo decida
poner orden
en la mía.

No lo entiendo

"me convierto en enemigo de mi propia felicidad"

Un día sentí que quería estar contigo.

¿Qué iba a saber yo lo que pasaría?

Sentí tanta alegría al comienzo, que no hubo nadie capaz de acercarse y advertirme de los riesgos.

Después de tantas tardes de pelea y noches de pasión, entendí que nunca fui inocente, que una parte de mí quiso vivir este torbellino, esta mezcla de amor, sexo e histeria.

Pero no sabía por qué.

Y te lo juro, tantas veces me he quedado a tu lado, viéndote dormir, deseando que realmente fuese posible convertir este «mientras tanto» en un «para siempre», que casi me convierto en enemigo de mi propia felicidad.

Y ahora no me siento libre de ser quien soy.

Te digo lo que no quiero decir, y me callo lo que estoy sintiendo. Me confundo cada día y te vuelvo a alejar, aprovechando las energías de tu propio infierno.

A veces me pregunto si el amor es como la vida, que se trata de vivir postergando lo inevitable.

Criminal

Aparecer
sin pedir perdón
sin decir «lo siento»
sin tratar de explicar
¡eso es criminal!

Exonerada

Te quise tanto
que te dejo ir
sin haber pagado
todo el daño
que me has hecho.

Te vas

"la primera página en blanco de mis libros favoritos"

Te ofrecí mis mejores emociones, las más alegres, las sonrisas eternas, las cosquillas sorpresivas, las aventuras inesperadas.

Te ofrecí las mejores letras de las canciones, las escenas más apasionadas de una película romántica del domingo, la primera página en blanco de mis libros favoritos.

Te ofrecí el beneficio de la duda, el perdón anticipado por tu pasado misterioso, la comprensión solidaria por tus mayores desplantes, y, sobre todo, la confianza de escucharte, sin reclamos ni temores.

Te ofrecí eso y mucho más, porque cada día estaba yo a tu lado para darle vida a esas promesas que te hice a cambio de nada, porque lo sentí así, y si hay algo que me caracteriza es que no me privo de vivir las cosas que siento.

Y ahora te vas, como si todo lo que te ofrecí no valiese nada.

Y quizás tienes razón, para ti no vale nada porque no tienes la madurez ni la integridad de reconocer las cosas más valiosas de la vida, porque vives cabalgando de un trecho al otro, sabiendo disfrutar solamente de las cosas superficiales, sin reconocer los tesoros ocultos que hay bajo cada persona.

Para ti no vale nada, y en tus manos todo lo mío se volvería basura.

Cuando cambia

Cuando te conocí
me dejaste sin palabras

Ahora que te conozco
tengo tantas [malas] palabras
que me canso de escucharme.

De ningún modo

Ama

      el que puede

      el que sabe

      el que quiere

      el que tiene

      el que busca

pero tú

      ni pudiste

      ni supiste

      ni quisiste

      ni tuviste

      ni buscaste

Anticuado

"y te vas quedando atrás, cada vez con menos gente"

Con el tiempo te vas a dar cuenta que hay cosas más importantes que otras, aunque ahorita insistas en prestarle poca atención.

Por la vida te ofrece mucha diversión y pocas responsabilidades al principio, pero todo cambia y te van llegando las cosas serias, mientras las diversiones se hacen cada vez más un lujo.

Ahora que lo tienes todo, quieres que lo nuestro sea a conveniencia, cuando me llamas, cuando te antojas, y yo he seguido un poco el juego, porque he querido apreciar los momentos, pero no aprendes, y dejas de ver que mi camino a tu lado empieza a bifurcarse.

Quizás no te haga falta cuando deje de responder, es posible que ni siquiera sientas la necesidad de buscarme como yo lo haría si realmente valiera la pena, pero va a llegar el momento en que los otros también sigan su camino, y te vas quedando atrás, cada vez con menos gente.

Y espero que tengas la oportunidad de volver a tener, aunque sea un momento, como esos que yo te entregaba, con alguien que también valga la pena, para que por primera vez sientas lo valioso que fueron nuestros momentos, y no se queden simplemente en un baúl de anécdotas, sino en la bitácora de los momentos felices que hacen una vida plena.

Y después de eso, te darás cuenta, que todo lo cursi, lo bohemio, y lo romántico que siempre quise ser contigo, jamás fue anticuado.

Update

Llegaste
y fuiste peor
que una de esas actualizaciones
que termina dañando
tu aplicación favorita.

Estaciones

Eres la plaga
que infesta el rosal
del jardín de mi corazón

Y fuiste feliz
mientras hubo
tanto
que comer

Pero este amor
llegó a su invierno
y como llegaste
ahora debes partir
mientras yo me preparo
para la mejor de mis primaveras.

Tan solo un instante

*"no fueron suficientes para saber que estaba
equivocado"*

Tres segundos me bastaron para verte por primera vez,
y quedarme obsesionado con la idea de que me
gustabas y que tenía que conocerte.

Tres segundos que pasaron por mi mente y me
emocionaron tanto, que nunca los podría olvidar, ni lo
que hacías, ni cómo vestías, ni cómo al darme cuenta
que te había visto me sonreías.

Tres segundos que no fueron suficientes para saber que
estaba equivocado, para saber que lo más bonito estaba
por fuera, y que no habría manera de cambiarlo.

Tres segundos duró el silencio que precedió nuestro
primer beso, que confirmó nuestra caprichosa intención
de jugarnos todo por estar juntos, sin importar las
consecuencias, las malas consecuencias.

Y ahora, tres segundos podrían ser suficientes para
decirte adiós, y dejar que des la vuelta, y cruzar por esta
puerta sin retorno.

Sin solución

A veces
la rabia tiene remedio
la decepción
casi nunca.

Asegúrate
que en cualquiera
de estos casos
estés preparado
para asumir
las consecuencias.

Desgraciado terremoto

"como despertando de un sueño, en medio de un terremoto"

Me hierve la sangre, por esa y por tantas noches que nos amamos, por los domingos que pasamos felices, sin discutir, por las tantas veces que nos sentamos a hablar, y escuchamos, sin apuros, sin cuestionar, simplemente aceptando todas las palabras que teníamos que decirnos, pero ahora lo destruyes todo.

[Sabes, es terrible cuando todo tiembla]

Me domina la rabia al saber que, teniendo la oportunidad de ser mejor, decides lo contrario, y muestras lo más oscuro de tu personalidad, insultando lo que quisimos ser, hiriendo las promesas que tenían el potencial de hacerse realidad, por más tiempo, por más noches.

Te odio tanto, que ni siquiera puedo explicarme a mí mismo las razones que tuve para acercarme a ti, y me siento como despertando de un sueño, en medio de un terremoto, que no deja mucho tiempo para pensar, que me obliga a brincar de la cama y salir corriendo.

Y solo pido que las emociones fluyan, y se alejen de mí, mientras tu recuerdo se hace volátil, y sigue su camino, y pueda volver a respirar sin que este amor me aprisione la voz, para despedirte con toda la intención de no volverte a ver.

Decídete

Te vas y vienes tantas veces
que voy a construir una estación

pero te voy a quitar la exclusividad.

Entre tú y yo

"no lo puedo negar, contigo fue así en un principio"

Nunca quise tener que decidir entre dos personas.

Siempre creí en un amor único, especial, que me llevaría de paseo por los caminos de la felicidad, donde aprendería a escuchar, a comprender, a apoyar incondicionalmente a la persona que amara.

Pensé que no sería difícil dar, porque era una forma más de expresar el amor, esos pequeños regalos cotidianos que cuestan poco pero que lo valen todo, envuelto en una hermosa sonrisa, y firmado con un beso o un abrazo.

Quería que las cosas siempre fuesen tan sencillas, pero tan increíbles a la vez, sin discusiones, sin regalos, sin resentimientos, porque nunca estuve destinado a esos dramas agotadores, deprimentes.

Y no lo puedo negar, contigo fue así en un principio, y por eso decidí seguir adelante, comprometiendo cada segundo un poco más de mí, dejándote siempre en claro que no me quedaba con nada, que todo estaba dispuesto sobre la mesa para ti.

Pero todo cambió, y el viento comenzó a llegar desde otra dirección, y las sonrisas se fueron confundiendo a lo lejos, y ya no estabas tú, y quizás poco a poco estaba dejando de ser yo.

Y finalmente tuve que decidir entre dos personas: eras tú o era yo.

Realmente corto

Cuando te vi
parece que hubiese dicho
«me gustas para algo corto
y catastrófico».

Necesario e inevitable

"porque el esfuerzo que requeríamos al principio ya no es el mismo"

Necesario es que pongamos un límite a nuestra capacidad de atormentarnos con tantas mentiras, consecutivas, sin razón de ser.

Inevitable es que dejemos de creer ciegamente entre nosotros, y comencemos a buscar hechos que respalden cualquier afirmación o promesa.

Necesario es que te preocupes más por mí, que tengas la mejor intención de preguntarme sobre lo que siento, y que puedas hacer algo para entenderlo.

Inevitable es que me sienta más distante, y que cada día que pasa tengas que hacer un mayor esfuerzo para revertir este estado de decepción.

Necesario es que me digas si realmente lo que quieres es estar conmigo en esta relación, y que estás en plena disposición de mejorarla desde hoy.

Inevitable es que yo también me haga la misma pregunta, porque el esfuerzo que requeríamos al principio ya no es el mismo, las heridas me pesan.

Necesario es que dejemos todo hasta aquí, para que aún nos queden bonitos recuerdos en la mente, y no tengamos que mirar al pasado con tanto dolor.

Inevitable es que quizás, algún, quién sabe cuándo, más adelante, nos pique de nuevo la curiosidad, y nos preguntemos si podemos volver a intentarlo juntos.

Dos tiempos

Un sueño que se volvió pesadilla;
tú, ayer

Un despertar y sonreír a la libertad;
yo, mañana

Transparente

"mientras tú me miras, como quien visita por primera vez
un manicomio"

Me pregunto.

Qué tiene de malo que a mí me guste decirte, sin reservas, todo lo que siento en el momento, mientras tú te lo guardas, por días, meses, castigándome con esa frialdad que no resuelve nada, que hace más difícil superar los problemas, que nos quita hasta la posibilidad de expresarnos en la cama.

Me pregunto.

Qué tiene de malo, sentirlo intensamente, por un instante, y compartir contigo hasta mi rabia, para dejar que las emociones fluyan, como fluye el amor, y que después de unos minutos, me provoque abrazarte y decirte lo mucho que te quiero, mientras tú me miras, como quien visita por primera vez un manicomio, juzgando de mala manera, abriéndome un expediente cuando yo lo estoy cerrando.

Me pregunto.

Qué tiene de malo que quiera dejar que lo negativo se vaya pronto, y que lo bueno se instale para siempre, entre nosotros, con fecha de llegada, pero sin fecha de partida, y después del disgusto reírnos a carcajadas, de ti, de mí, o de cualquier otra cosa que nos apetezca, porque nos merecemos ser libres.

Siempre me lo pregunto, y no sé por cuanto tiempo voy a esperar tu respuesta, y que por fin salgas de ese silencio que nos corrompe, antes de que yo termine creyendo que eso es realmente malo, o que decide encontrarme con alguien, que al igual que yo, piense que en el amor es muy bueno ser transparente.

Aprende

Animalito irreverente
deja de andar por la vida
lastimando a tanta gente

Intenta tener
dos dedos de frente
o al menos
un poco de conciencia
porque quizás algún día
te consigas otro animalito
como tú
que te muestre
cómo se siente.

Estar de suerte

La suerte no sonríe siempre
un día de estos
mi orgullo va a superar este amor
y me verás caminar
en dirección contraria
sin arrepentimiento
porque cuando lo intentas todo
y fracasas
no quedan dudas

La suerte no sonríe siempre
un día de estos
dejará de sonreírte
y con suerte
comenzará a sonreírme
a mí.

Luces en el tiempo

"porque a distancia cualquier amor se vuelve decente"

Apareciste.

Y con el tiempo descubrí, que tu forma de tener a alguien que te extrañe, es llegar como una estrella fugaz, y desaparecer súbitamente, mientras todavía te ven, con la boca abierta por semejante desfile de belleza incontenible, dejando entrever tus mil maravillas pero sin dejar mucho para probar.

Te gastas una fachada espectacular, una voz inolvidable, una forma de recogerte el cabello de portada, un estilo que se queda en la mente de cualquiera que, sin pretenderlo, se cruza por tu camino.

Pero no dejas que ni el mejor de los amores pueda llegar a entrar en tu alma, te escondes mientras queriendo, o sin quererlo, estrangulas el cariño que se te ofrece, y me pregunto si es el miedo o es la malicia quien controla tu mente.

Caes.

Y vas por la vida, coleccionando fans que te persiguen en las redes, muchos de los cuales creen que es genial, que es legítimo quererte, porque a distancia cualquier amor se vuelve decente, pero no hay quien como yo, que por primera vez me acerqué un poco más, y descubrí los espacios vacíos y solitarios de tu corazón.

Se hace la noche.

Y te hablo como la estrella que fuiste, y quizás te debería dar las gracias, porque aún me queda la duda de si yéndote me ahorraste otros dolores más fuertes que el extrañarte, pues en esta vida algunos males tienen ganancias secundarias, pero no dejo de asomarme de vez en cuando a mi ventana, esperando que, por alguna extraña casualidad, tu luz vuelva a pasar.

Tu diccionario

«Para siempre»
es tu definición de hasta mañana
o que te consigas alguien
que te guste más

«El más grande de mi vida»
es tu forma de decir
que no tienes memoria
ni perspectiva de compromiso

«No lo voy a hacer más»
es tu concepto de
hoy no lo hago
pero mañana seguramente sí

«No fue mi intención»
es tu forma de explicarme
que no tienes cerebro
que eres como un animal
que actúa solo por instinto

Uno, dos, tres

"porque la película tiene mucho tiempo repitiéndose"

Un día de estos se nos acaba la paciencia, a ti o a mí, seguramente por razones distintas, porque ni siquiera en lo que nos molesta podemos entendernos.

Un día de estos te vas o me voy, da igual, el asunto es que le pondremos un fin, porque la película tiene mucho tiempo repitiéndose, y ya dejó de divertir.

Un día de estos, me dices lo que realmente piensas de mí, o te escupo lo que realmente creo de ti, y como buenos seres orgullosos nos ofendemos, y no sabremos cómo mejorar la discusión.

Un día de estos un tercero nos regala una sonrisa amable por la calle, y aunque no ofrece mucho a la vez nos ofrece todo, empezar sin heridas, desde la nada, y nos sentiremos inseguros de seguir con este juego.

Un día de estos, después de algún tiempo, espero que al menos tengas el honor de decirme «gracias por tanto», y yo tenga la paz de decirte, «por nada».

Inolvidable

Nunca me olvidarás, dijiste
tienes razón
eres inolvidable
pero difícilmente
te voy a recordar
como tú crees.

Diluyendo

"y empezaste a hacerme creer que también eras así"

Detestablemente enamorado amanecí una mañana del mes de marzo, pensando en ti, haciéndome ilusiones sobre la posibilidad de estar juntos.

Comencé a quererte, primero en secreto, y luego abiertamente, porque así funcionan las cosas en mi vida, y empezaste a hacerme creer que también eras así.

Sobre entendí que era real, con falsas suposiciones asumí que estábamos en sintonía, y comenzaste a ignorar mi honestidad.

Hoy juegas con el amor, mientras yo pretendo sentirlo de verdad, y te vienes y te vas, y hablas y escondes, y ofreces y olvidas.

Mientras tú vives un romance de calle, yo vivo soñando en una relación de hogar, mientras tú andas preocupada por los anocheceres en la cama, yo ando preocupado por los amaneceres a tu lado.

Son inútiles las palabras, porque pasan como brisa entre tus manos, no hay quien pueda entender lo que nunca ha podido ver, por ese pasado que te aniquila y te niega la libertad de creer.

Y se nos van los días, mientras el amargo del café derrite el azúcar de nuestra vida, y yo me quedo escribiendo, una línea más, para regalarte los últimos minutos con la esperanza de que puedas recapacitar.

Por si no lo sabes

¿Tenerme?
Sí, mientras quise

¿Abusaste?
Sí, mientras lo permití

Pero todo lo bueno
llega a su fin
y ya dejó de ser
entretenido para mí.

El peor viaje

"en tercera clase, sin refrigerios y sin cinturones de seguridad"

De tenerme esperando con ansias tus «hola, ¿cómo estás?» pasaste a dejarme deseando un «adiós, esto se acabó».

Haz hecho que todo funcione tan mal, que no dejo de asombrarme como todo cambió tan rápidamente.

Estar contigo fue como tomar un avión desde el paraíso al desierto más inhóspito e indeseable, en tercera clase, sin refrigerios y sin cinturones de seguridad. Con un motor fallando y con el piloto lanzándose por la puerta con el único paracaídas disponible.

¿Y todavía te preguntas por qué me iré?

El amor es mutuo

Dejé de besar tu boca
cuando dejaste de tocar mi alma

Y, aun así
sigues por la vida
sin entender realmente nada.

Cocteles mortales

"que masoquista es el ser humano"

Una noche de esas nos encontramos; yo tan vino y tú tan cerveza, y esas diferencias nos tentaron a acercarnos, y nos convertimos en una mezcla exótica de emociones, de gemidos y suspiros.

Pero la resaca nos dio con todo en la cabeza, y eventualmente nos sentimos asqueados, preguntándonos el por qué lo habíamos permitido.

Desde ese día sabemos que no vale la pena ni acercarnos, que somos dos alcoholes poderosos pero tóxicos cuando nos mezclamos.

Pero que masoquista es el ser humano, que a veces se cree tan valiente e inmortal, y se comporta como un ser autodestructivo.

Y ahí nos tienes, cada luna llena, pensando menos a largo plazo y dejándonos llevar por el pecado, haciendo que de vez en cuando nuestras botellas se crucen al otro lado.

Perfectos

Tienes la maravillosa habilidad
de destruir tu belleza con acciones
de borrar tu sonrisa con decepciones
de manchar tu mirada con mentiras

Sé que no somos perfectos
pero de verdad
tú te pasas.

El precio de las cosas

Prescindir de tus labios
es el costo por no escuchar
nuevamente tus mentiras.

No tener con quien pasear
es el costo por no descubrir
en la calle con quien me engañas.

No tener a quien escribirle
es el costo por no ser
ignorado cuando te necesito.

Y es posible
que considerando todas estas cosas
todavía me sale barato
sacarte de mi vida.

Envenenas flores

"un límite para todos los asuntos que te preocupan"

Deja de reclamarme por todo como si yo fuera culpable de tus errores, a veces te pasas los días haciéndome pagar por las cosas que te suceden cuando no estás conmigo.

Intenta levantarte un día y pensar, que las personas son responsables de sí mismas, y que no, yo no trabajo contigo, ni soy aquél que dejó de entregarte aquel documento, ni soy el otro que te hizo esperar por más de dos horas.

Trata de explotar con ellos como lo haces conmigo, levanta tu voz contra quien te está causando esa rabia, porque sigues equivocándote diariamente, yo no pretendo ser enemigo.

Relájate e intenta descargarte, porque entre nosotros dos no necesitamos meter a tanta gente, lo único que logras hacer es que todo se hunda, que no nos queden ganas de vernos a los ojos y ni encontrar la alegría de tenernos.

Marca una frontera con el mundo, un límite para todos los asuntos que te preocupan, no tiene sentido que contamines nuestro espacio, encárgate de sacar la basura antes de invitarme a pasar por tu vida.

Es posible que un día de estos no tenga la fuerza de enfrentar de nuevo esas tormentas que no son mías, y recoja mi ancla nuevamente, intentando encontrar un puerto con otra persona, que tenga las ganas de mantener el orden en nuestra relación, y pueda dejar de mezclar vientos de diferentes frentes.

Esperanza

Nos dejamos llevar por la música
por la letra de las canciones
tu voz se hizo mía
mientras mi cuerpo se hacía tuyo

Pero por desgracia
esas canciones fueron como la vida misma
y nos amamos
y nos odiamos
y lo volvimos a intentar
y volvimos a fracasar
y nos alejamos
esperando que las cenizas desaparezcan
bajo la llama
de un nuevo fuego.

Reflejo

Si sientes que te ignoro
es posible que
se me haya contagiado un poco
tu simpática personalidad

Por amor

Eres tan dañina
que todavía te recuerdo
cuando algo me duele
porque todas las heridas
siempre tienen algo en común
además del dolor.

Querer

"y te di tantas oportunidades, y tantos días"

Después de estos meses juntos aprendí a diferencias dos cosas importantes en mi vida: querer y ser capaz.

Antes las confundía un poco, pero contigo me di cuenta que no son lo mismo, porque tú siempre quisiste tanto, creías quererme a mí, por ejemplo, pero nunca fuiste capaz de hacerlo.

Parece que muchas personas hoy en día se quedan ahí, en el primer paso, en el querer, y pocas entienden el esfuerzo que significa hacer que las cosas que quieres se hagan realidad.

Quisiste ser fiel, pero no fuiste capaz, quisiste demostrarme tu compromiso, pero no fuiste capaz, y al principio siempre existe la ventaja de quien lo intenta por primera vez, y te di tantas oportunidades, y tantos días, que a veces creo que me dio el mensaje equivocado, y creíste que con querer todo era suficiente.

Pero ahora yo quiero estar sin ti, y de eso, sí soy capaz.

Es el precio

A veces
hay que pasar
por indeseables finales
para llegar
al inicio
de las mejores
historias
de tu vida.

Ni lo entiendes

"quizás por una extraña casualidad del destino pueda
estar físicamente cerca de ti"

El día que entiendas será muy tarde.

Porque el tiempo tiene una manía muy egoísta de
regalarnos oportunidades irrepetibles, porque la
circunstancias y el azar se encargan de que todo
instante sea único, especial, y nosotros ponemos de
nuestra parte, emocionándonos con la inocencia de la
primera vez, de la incertidumbre que llena los vacíos
con ilusiones.

El día que entiendas ya no estaré.

Al menos no espiritualmente, porque quizás por una
extraña casualidad del destino pueda estar físicamente
cerca de ti, por un compromiso, por un asunto
pendiente, o porque pudimos fraguar algún tipo de
amistad, pero lo nuestro habrá quedado como un
recuerdo seco, intangible, que ya no podrá resucitar.

El día que entiendas, espero que sea pronto, quizá
empieces a vivir.

Normal

Te parece normal
que no me expliques

te parece normal
menospreciar mis ideas

te parece normal
patearme y esperar perdón

Quizás tienes razón
y todo eso es normal
pero estoy entendiendo
que ya no vivo en tu mundo.

Falsa poesía

"las palabras se quedaron en sonidos huecos"

Llegó un momento en el cual empecé a querer escuchar las mismas palabras que me dijiste de la boca de otra persona que realmente las creyera y las dijera en serio, porque te confieso, me encantó todo lo que me dijiste cuando pretendiste conquistar mi corazón, pero con el tiempo te encargaste de demostrar que tus palabras se quedaban en sonidos huecos, sin trascendencia.

Por eso hoy trato de no guardar resentimiento a los clichés, ni a las películas de amor, ni a los poemas cursis, porque ellos no tienen la culpa de las intenciones de personas como tú, que tergiversan todo lo bueno que se puede llegar a crear con las frases y con los versos.

Y te dedico unas líneas, para retribuirle de alguna forma al universo, la oportunidad que perdiste conmigo.

Ayúdame

Ayúdame a entender
cómo una sola persona
puede estropearlo todo

Ayúdame con tu ausencia
ya que tus palabras
no sirven.

Posdata

Te deseo lo peor
porque si te deseara lo mejor
tendrías que volver conmigo

y esa,
definitivamente,
no es una opción

Cuatro letras ajenas

"simplemente fue un truco de magia que salió mal"

Si alguien me pidiera que le explicara qué fue lo que pasó con nosotros, yo comenzaría resumiendo en una frase que simplemente fue un truco de magia que salió mal, porque desafortunadamente me di cuenta a tiempo que no era real lo que estabas mostrando, y porque sí, esas ilusiones, que alguna vez fueron tan prometedoras, eventualmente mostraron toda su falsedad.

Pero la explicación no quedaría hasta allí.

Diría que la sensación de hacerme sentir como si estuviera con un amor único, se convirtió en un juego donde empezaron a aparecer las réplicas de un terremoto que quiso devastar mi buena fe. Que a tu lado sentir vivir con una persona con ciclos abiertos, esperando todavía abrir muchos ciclos más, escapando de la realidad intentando engañar a otros, sin empezar a darse cuenta de su propia fantasía.

Y por un momento, respiraría, recuperando un poco el aliento, sintiendo lo pesado de la realidad, y agregaría que, a pesar de todo lo que haces, sigues queriendo vivir con el pasado que dejaste, también extrañas el pasado que te abandonó, mientras te entretienes conquistando a quien no quiere estar contigo e ignoras a quien tienes a tu lado.

También le diría que, después de un tiempo, de la decepción pasé a la rabia, y de la rabia a la compasión, porque después de ver tanta tragedia en tu corazón abusado y abusador, me imaginé lo difícil que sería para ti tener alguna vez un amor normal, sano.

Y todavía después de un tiempo sé de ti, por los comentarios de algunos amigos en común, o porque me cruzo con tu vida en las redes sociales, mostrando una aparente normalidad, y con descaro, intentando repetir nuevamente el mismo truco.

Contratiempo

Parece que el tiempo está en tu contra
mientras pasan los días
y más te conocen
menos te quieren

Tal vez por eso
aprendiste a querer de a ratos.

Asfixia

No era necesario
que me hicieras extrañar
tanto
la libertad

pudo ser de otra manera
      [cualquiera menos esta]

Despreocúpate

"que los errores te los llevas tú, en una maleta"

No te preocupes, que yo me encargo de seguir creyendo en el amor, que los errores te los llevas tú, en una maleta llena de malos recuerdos, con un destino que desconoces, porque ciertamente no defines lo que quieres.

No te preocupes que yo siempre estuve claro, y te permití ser hiriente, cuando se tiene un corazón sano no hay quien pueda detenerte, son simplemente lecciones de la vida, y de alguna forma te haces más fuerte.

No te preocupes que algún día de estos te perdono, no tengo apuro porque es mi derecho sentirme molesto, me reservo el número de días que quiero desahogarme, me estoy liberando poco a poco, preparándome para el siguiente amor que viene.

No lo confundas

Hay personas
que confunden un perdón
con una segunda oportunidad.

Yo no.

Sí me importa

Me importa tanto
tanto
tu felicidad
que prefiero alejarla de la mía

cuando puedas
sal de mi vida
y no aparezcas ni en pesadillas

De 40 km o más

"más que lugares eran emociones que quería vivir y compartir contigo"

Quiero correr un maratón por ti, que me lleve en dirección contraria, lejos de tus mentiras, o de tu cara de «yo no fui».

Quiero irme a todos los lugares que siempre quise, pero que tu no hiciste el menor esfuerzo para que fuéramos juntos, que no le diste la importancia de complacerme, de entender que más que lugares eran emociones que quería vivir y compartir contigo.

Quiero inscribirme en todos los cursos que no he podido, esperando fielmente a que tuvieras el espacio, el tiempo y el dinero para entrar conmigo,

Quiero retomar el contacto con mis amigos, visitarlos uno a uno, compartir historias y anécdotas, o simplemente tomarnos un tiempo para hacernos los tontos y dejar que las bromas de antes nos vuelvan a hacer reír, recuperar un poco esas alegrías tan valiosas que llenaban mi vida, que merecen la pena, y que cometí el error de sacrificar pensando que podía estar mejor contigo.

Quiero volver a perder el tiempo en las cosas que me gustan, y no por esperarte o por discutir sobre tus estúpidos temas, sino porque es mi tiempo y yo decido como invertirlo, así no sean cosas útiles, pero que siempre sean cosas agradables o que me entretienen.

Quiero abandonar la dieta, darme el placer de probar esas comidas cada vez que quiera, sin el peso de tu conciencia haciéndome sentir culpable por ser capaz de decidir los límites de mis propias libertades.

Quiero correr un maratón por ti, pero sin ti.

Lo malo

Tu piel toca mi puerta
       [siempre lo ha hecho]
pero tu inmadurez
la cierra

Puntería

Aprendí a recibir
flechas de indiferencia
a cambio de manzanas de amor

el amor en mi vida
dejó de tener puntería

y me hizo blanco fácil
de tu miopía emocional.

Honestamente

"escuchando mi respiración, leyendo en mis ojos los quejidos del alma"

Lárgate con tu mala educación y con tu poca capacidad de entendimiento; la gente con poca integridad no es bienvenida en mi vida.

Vete de aquí y déjame respirar, te has acabado el oxígeno de mi vida, sin darme el más mínimo aliento para llevar una vida sana a tu lado.

Intenta que las amarguras que has cosechado durante tanto tiempo no lastimen a nadie más, porque en el mundo sobran los problemas, pero hacen falta las personas que sean capaces de transformar esa oscuridad en esperanza y otras cosas buenas.

Y la confianza... la confianza no se exige, la confianza se gana, con humildad, con las ganas de escuchar, de apoyar, de entender. Aprende a ser capaz de sentarte un momento a mi lado, y medirle el pulso a mi dolor simplemente escuchando mi respiración, leyendo en mis ojos los quejidos del alma.

Ojalá algún día puedas sentir una intimidad intangible pero eterna, distinta a lo efímero de las pasiones que alguna vez quisimos matar después de una noche en los bares de moda, donde amaneces queriendo anochecer, y donde anocheces queriendo amanecer, salpicando las gotas que sudan las emociones.

Aléjate con tu cuerpo vacío, carente de empatía, necesitado de esperanzas, y camina por nuevas rutas que te puedan enseñar con métodos distintos a los que yo intenté usar contigo, porque se me han agotado las ganas de seguir insistiendo.

Y de verdad, no te ofendas con mis palabras, porque al menos, como ya te habrás dado cuenta, ni siquiera cuando ya no tengo interés de seguir contigo, dejo de decirte honestamente lo que siento.

Optometría

Si te cuesta tanto

> -llamarme
> -escribir un mensaje
> -contestar un saludo
> -devolver un beso
> -apretar en un abrazo

entonces

> deberías usar lentes
> que te ayuden a ver
> lo que te estás perdiendo.

En visto

Llegará un momento
en que mi silencio
será más amable
que mis palabras

así que no insistas
y espera mi mensaje
cuando yo quiera
contestar.

Pasar al otro lado

"por haberme convertido en lo que nunca quise ser"

Nos pusimos de acuerdo para empezarlo todo juntos, pero fingiste sin descaro desde el comienzo.

Yo esperaba materializar mis ilusiones, mientras tú quisiste vivir siempre rodeada de corazones ilusionados.

¿A cuántos hiciste creer especiales al mismo tiempo?

Te llenaste de inseguridades contagiosas, porque aprendiste que esa fragilidad aparente te ayudaría a despertar lo mejor de cada persona a tu alrededor, que con sus buenas intenciones quisieran protegerte, y esa atención te hacía sentir amada.

Sin querer, te traté bien, y me hiciste miembro de ese colectivo que pretendes mantener a tu disposición, con el egoísmo más narcisista que he conocido, anulando completamente mis propios intereses, y haciéndome esclavo de tu propia sombra.

Creí ser feliz y, cuando ya no lo fui, comencé a creer que todo mejoraría, justificando cada día que pasaba con los recuerdos que todavía conservaba de los meses anteriores, y poco a poco dejé de vivir en mi presente, refugiándome en nuestro pasado.

Perdí tanto, que comencé a llenarme de esa rabia incontrolable que no tenía mejor forma de drenarse que escribiéndote en cualquier momento, etiquetando cada uno de tus desplantes, sacudiendo verbalmente a cada uno de esos amantes que arrastraste entre nosotros, asesinando de muerte mi dulce trato hacia ti.

Inexplicablemente comenzaste a cambiar, y mis agresiones parecieron calar en tu alma como si fueran las seducciones y cariños que esperabas, y comenzamos una tercera etapa entre nosotros, donde lo bizarro se hacía cotidiano.

Pero yo nunca quise tenerte de esa forma, y me rechacé a mí mismo por haberme convertido en lo que nunca quise ser, y esta nueva realidad, que me concedió unos deseos pero me quitó otros no menos importantes, fue necesaria para darme cuenta que la mejor opción siempre fue igual de peor.

La puerta

No insistas
que entrar a mi cama
no es entrar a mi corazón

ojalá algún día
entiendas la diferencia
entre diversión y felicidad.

Tregua

Vamos a salvar
al menos
las guerras en la cama
las otras
te las puedes llevar

Incompleto

"los amores que fracasan al menos fueron eso, amores"

A alguien se le olvidó enseñarte que cuando uno enamora, luego debe amar, y te quedaste para siempre, en esos inicios sin desarrollos, en presentaciones sin obra, en preludios sin conciertos.

O quizás te lo enseñaron, pero decidiste no tomarlo en cuenta, como quien compra un libro y nunca lo abre, no lo sé.

Para ti todo el trabajo está hecho cuando ya conseguiste captar la atención de alguien, y lo tienes ahí, a tus pies o en tus manos, desperdiciando la oportunidad de construir una vida soñada, o al menos parte de ella, y jugar en serio, y prometer para cumplir.

Y funcionas a medias...

Los amores que fracasan al menos fueron eso, amores, pero cómo podría decir yo que he fracasado contigo si ni siquiera el intento ha comenzado, y me has dejado con las expectativas sin ni siquiera pensarlas, lleno de herramientas para sembrar, pero sin semillas.

Espero que algún día te des cuenta de todo lo que te pierdes, y de lo te has perdido, porque ese vacío va a seguir creciendo hasta que aprendas a vivir, a plenitud, todas las etapas del amor.

Curioso

Y te das cuenta
después de todo
que el mayor sufrimiento
fue postergar el final.

Oportunidad

Te di una segunda oportunidad
para demostrarte
que no ibas a cambiar
y hacer
que despedirme de ti
fuera más sencillo.

En vez de sanar

*"ahora dejas más daño que el que encontraste a tu
llegada"*

Y pensar que al principio parecías sanar mi alma,
regresando las alegrías a mi vida, motivándome a
confiar nuevamente en alguien, creyendo que valía la
pena volver a pensar en un mañana.

Caminé confiado en tu camino, dejándote que me
enseñaras poco a poco lo que prometías con palabras,
tanto que nunca me detuve a pensar: ¿Será real?

Hiciste que las sonrisas regresaran a mi rostro, que las
personas a mi alrededor comenzaran a darse cuenta de
que algo nuevo estaba pasando en mi vida, y me dejé
de llevar por las emociones, esperando que las tardes
fuesen un segundo amanecer.

Si me lo preguntas, fueron los mejores días.

Pero resultó que eras fantasía, e inevitablemente se
reveló tu verdadero ser, con esas intenciones que ya no
eran sinceras, y la primavera se tuvo que ir antes de
tiempo.

Ahora dejas más daño que el que encontraste a tu llegada, y yo me pregunto ¿Para qué tenías que aparecer?

Cuando un corazón está herido, lo que menos necesita es a alguien como tú que cree, falsamente, poder curarlo.

Parece que a veces es muy alto el precio que se debe pagar para encontrar la felicidad.

El limbo

Del paraíso al infierno
la distancia más corta
es conocerte mejor.

A medias

Apártate de mi camino
si no tienes más que ofrecer
mi vida
solo necesita
quien lo entregue todo.

Quizás

"y a los pocos minutos le parece aburrido, y lo desecha"

Quizás llegué muy pronto a tu vida, y apenas estás empezando a madurar, sigues viviendo entre pañales sucios y la mitad de las cosas te las tiene que hacer otro.

Estás en esa etapa en la que no has aprendido a valorar, y a las personas todavía no las ves como personas, sino como objetos, puestos por la vida para servirte, para entretenerte.

Eres como un bebé que encuentra algo nuevo, y le gusta, y por eso lo toma como suyo, sin preguntarse antes si puede tomarlo, sin pedir permiso, y lo coge, y saborea, y a los pocos minutos le parece aburrido, y lo desecha cuando se encuentra con otro objeto que no había visto.

Pretender quedarme a tu lado es querer hacer un papel que no me corresponde, es arriesgarme a ser víctima de tu mundo visceral e infantil.

Espero que sea otro quien te sirva de juguete, de juguete de ocio o de juguete didáctico, y que sea capaz de convivir con tu falta de comunicación, con tu escasez de palabras.

Quizás la vida pueda encontrarnos de nuevo en el futuro, y me dé la oportunidad de ver que ya no usas pañales, pero correría la tentación de ser yo quien ahora pretenda mostrarte cómo puede ser una persona que se deja llevar por puros caprichos.

Voluntad

Recuerda que
a donde tú no quieres ir conmigo
seguro habrá otra persona
que siempre ha esperado llevarme.

Al menos
no se lo pongas
tan fácil.

Las piezas

Yo era simplemente
un rompecabezas mal armado
que ayudaste a destruir.

Comencé nuevamente
desde cero
y aprendí
a no forzar las piezas
sino buscar mejor las indicadas.

A tu salida

*"los días pasaron y me hicieron ver con otros ojos este
amor"*

Me emociona que esta sea la última vez que sufro por ti,
que tan profundo dolor pueda tener un mejor propósito
para mí.

Por eso sufro sin quejas, sin remordimiento, apartando
las distracciones, para que este duelo sea intenso, y que
después de muchas lágrimas, de 100 canciones, y de
tres botellas, no quede más tristeza en mi mirada.

No siempre se puede saborear un final con tanta
felicidad interna, la mayoría los recuerdo totalmente
diferentes, como un bosque devastado por los
incendios, y con la desesperanza de que no lloverá por
muchos años.

Pero los días pasaron y me hicieron ver con otros ojos
este amor, enseñándome que el mañana no era
solamente difícil sino indeseable a tu lado

[o detrás de ti].

Y mi cuerpo dejó de tener incertidumbres, y mis manos
recuperaron gradualmente el pulso firme, y tu boca, que
fue el paraíso, se convirtió en una de esas calles sucias

que nadie quiere siquiera pisar, y me dejó de doler la distancia.

Hoy sé que no voy a extrañar realmente a quien eres, sino a quien creí en algún momento que fuiste, esa primera luz que llegó a mis ojos, y cuya silueta ya se encuentra simplemente en recuerdos.

Me emociona que esta sea la última vez que sufro por ti, y esto, más que un duelo, se convierte en un destierro.

Sin palabras

Lo bueno
duró poco

y lo malo
no se acaba...

La excepción

A veces me cuesta decir adiós
pero te informo
este no es el caso

Estúpido no es

"se consume tu posibilidad de vivir relaciones superficiales"

No es estúpido que yo te quiera, estúpido es que tú no me correspondas, porque encontrarse por el mundo a alguien a quién querer es sumamente fácil, y todos somos libres de hacerlo.

¿Quién no se enamora de algún cantante, o peor, de algún personaje del cine? Amar no tiene que ser un acto correspondido, porque en el fondo es un acto de placer.

Pero tú, que has estado caminando tanto tiempo por estas calles, y no has recibido hasta ahora algo real, sincero, desinteresado, ¿cómo puedes desaprovechar una oportunidad como la mía?

¿Es demasiado bonito para creerlo?

Pierdes el tiempo en las dudas, pierdes el tiempo en los malos tratos, sientes que el amor es como una inundación indeseable de tu espacio, y se consume tu posibilidad de vivir relaciones superficiales, que te dejan las mejores excusas para despreciarlas y pasar de inmediato a la siguiente.

¿Qué vas a hacer el día que despiertes de ese engaño?

Yo no voy a estar, porque como te dije antes, encontrar a quien querer es fácil, y no dudo que pronto escoja a otro amor que sí quiera apreciar y quererme de vuelta.

Resuelto

En el crucigrama de mi vida
ya no hace falta tu nombre
ahora sobra.

Y no importa
si el que sigue
viene vertical u horizontal
cualquiera me servirá
para hacerte olvidar.

Magnitudes

Yo
que fui un cactus
relleno de chocolate

Tú
que fuiste una fresa
rellena de veneno

Yo te herí por fuera
pero tú me mataste por dentro.

Palabras finales

Esta recopilación llega hasta tus manos para cobrar vida, cada lector se fusiona de una manera diferente con estas líneas.

Me gustaría conocer qué palabras y qué emociones despiertan en ti al terminar de leer.

Por favor comparte tus comentarios en la página de esta obra en Amazon; quisiera leerte también.

Atte.

Miguel López

Indice

Otros libros de esta colección:

Serie "Cartas Nocturnas" (Libro nº1):
Cartas que guardo bajo la almohada es una recopilación de cartas escritas como poemas en formato de prosa, con la intención de capturar emociones encontradas, ocultas y a veces herméticas, producto de la meditación nocturna del autor. Es una invitación al deseo y a la ensoñación distante, imposible. Es una marca que se escribe dentro del alma, donde la mente lucha por lograr la paz y encontrar la resiliencia.

Puedes conseguir este libro en:
Amazon EEUU: https://www.amazon.com/dp/B06Y2P3CZD
Amazon España: https://www.amazon.es/dp/B06Y2P3CZD
Amazon México: https://www.amazon.com.mx/dp/B06Y2P3CZD

Serie "Cartas Nocturnas" (Libro nº2):
Cartas que escribiría sobre tu piel es una recopilación de varias cartas en prosa poética que evocan sentimientos de deseo y de placer, entre meditaciones nocturnas, pensamientos, rescatando los momentos que se han vivido, pero sobre todo, recordando que nuestra piel tiene su propia memoria.

Puedes conseguir este libro en:
Amazon EEUU: https://www.amazon.com/dp/B072338FZ8
Amazon España: https://www.amazon.es/dp/B072338FZ8
Amazon México: https://www.amazon.com.mx/dp/B072338FZ8

Serie "Cartas Nocturnas" (Libro nº3):

Cartas que aún te esperan es una recopilación de varias cartas en prosa poética que evocan sentimientos de amor y nostalgia, voces que surgen en la espera romántica. Se caracteriza por simbolizar un momento diferente en este viaje de expresiones solitarias sobre un amor que, estando presente o estando ausente, nos ha transformado.

Puedes conseguir este libro en:
Amazon EEUU: https://www.amazon.com/dp/B077NM6NZ4
Amazon España: https://www.amazon.es/dp/B077NM6NZ4
Amazon México: https://www.amazon.com.mx/dp/B077NM6NZ4

Serie "Cartas Nocturnas" (Libro nº4):
Cartas que te escribí antes de conocerte. El amor no siempre comienza en el momento en que dos personas se conocen. Para algunos el amor comienza antes, mucho antes, cuando descubren esa necesidad interior de querer compartir su vida con alguien más. Este libro es el eco de esas emociones que nacen durante la espera de ese amor total, definitivo, de ese destino que todos nos merecemos.

Puedes conseguir este libro en:
Amazon EEUU: https://www.amazon.com/dp/B07BJD3VTJ
Amazon España: https://www.amazon.es/dp/B07BJD3VTJ
Amazon México: https://www.amazon.com.mx/dp/B07BJD3VTJ

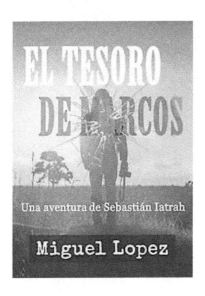

Novela El Tesoro de Marcos:
Sebastián es un periodista novel, que encuentra dificultades para conseguir un trabajo decente que pueda ayudarle a cubrir sus gastos. Agobiado por un jefe molesto, un padre malhumorado y una novia asfixiante, decide tomar una misión internacional a uno de los países más peligrosos del nuevo continente. Acompaña a Sebastián a descubrir increíbles paraísos tropicales del caribe, a conocer una de las principales capitales de Latinoamérica, bañarse en una de las playas paradisíacas del caribe tropical, volar sobre el salto de agua natural más alto del mundo y adentrarse en la selva amazónica.

Puedes conseguir este libro en:
Amazon EEUU: https://www.amazon.com/dp/B0756PJBHF
Amazon España: https://www.amazon.es/dp/B0756PJBHF
Amazon México: https://www.amazon.com.mx/dp/B0756PJBHF